Arturo Azofeifa Céspedes
**Implementación de una metodología de administración estratégica:
Planeación estratégica, cadena de resultados y administración de proyectos.**

Tabla de Contenido

Índice de Figuras

Índice de Tablas

1. Introducción

La actualidad trae grandes retos para las áreas funcionales, pudiendo ser éstas pequeñas unidades o dependencias, hasta instituciones o empresas de mayor tamaño y consolidación, para todos conlleva grandes metas de productividad y de eficiencia, sin importar la industria o el giro de los negocios se debe velar por el resguardo y el mejor aprovechamiento de todos los recursos que generalmente son muy escasos, entre ellos, principalmente el dinero, y siendo muy respetuoso con la analogía es a la empresa como la sangre para los seres humanos, sin éstos no se puede subsistir.

Este documento es una propuesta de implementación de una metodología de administración estratégica para unidades, dependencias, empresas o instituciones que deseen y necesiten maximizar sus esfuerzos en pos de alcanzar las metas establecidas. En este se presenta la teoría fundamental de 3 metodologías conocidas y de utilidad comprobada en la buena gestión de los negocios.

Cada metodología tiene ventajas que persiguen facilitar la adecuada gestión de las áreas funcionales, basadas en el aprovechamiento de los recursos y en el ordenamiento lógico y constante de las acciones que permitan cumplir planes u objetivos bien definidos y muy bien pensados.

Pero es a final de cuentas una responsabilidad exclusiva de las autoridades, responsables, representantes, encargados y de hasta dueños la escogencia de la estrategia que mejor se adapte a sus intereses, necesidades y objetivos.

Se ha pretendido sintetizar de una forma clara, sencilla y amigable para el lector, estas metodológicas, cuya utilidad ha sido probada en diferentes ocasiones, tanto en iniciativas públicas como privadas, en proyectos de grandes dimensiones y de otros más moderados, para especialistas y para principiantes.

2. Fundamentación conceptual

Con las propuestas metodológicas incluidas en este documento se espera contribuir al cumplimiento de los objetivos planteados por las unidades, dependencias, empresas e instituciones, pero inicialmente es necesario conocer algunos aspectos y conceptos teóricos que se espera ayude a la comprensión de esta propuesta.

2.1. Administración

Según los autores (Koontz, Weihrich, & Cannice, 2012) la administración es: "Proceso mediante el cual se diseña y mantiene un ambiente en el que individuos, que trabajan en grupos, cumplen metas específicas de manera eficaz." (p. 32).

Con la definición anterior es notoria la necesidad de que las personas trabajen juntas con el objetivo de alcanzar metas comunes, resolviendo problemas, generando valor para accionistas y para la misma empresa.

2.2. Administración estratégica

Robbins y Coulter (Robbins & Coulter, 2010) sobre éste concepto aportan: "La administración estratégica es lo que hacen los gerentes para desarrollar las estrategias de la organización." (p. 163)

Aquí es donde interactúan todas las funciones básicas y tradicionales de la administración, que son planear, organizar, dirigir y controlar.

2.3. Análisis FODA

Sobre el análisis FODA el autor manifiesta (Díaz Jiménez, 2005, pág. 105): "Es un modelo sencillo y claro que provee dirección, y sirve como base para la creación y el control de desarrollo de empresas y de comercialización.".

Este análisis permite identificar cuáles son los aspectos relevantes que deben conocer los responsables de las áreas funcionales, saber dónde están sus fortalezas y las debilidades, cuales factores externos pueden amenazarles o cuales se podrían aprovechar, también desde un punto de vista más dinámico, cómo sus fortalezas pueden combatir amenazas o cómo pueden ser utilizar para aprovechar oportunidades.

Esta matriz es por excelencia una de las mejores herramientas modernas para el análisis de la situación de las áreas funcionales. Es de gran utilidad para analizar la situación competitiva de una compañía, brinda una referencia conceptual para un análisis metódico que permite comparar amenazas y oportunidades (factores externos) respecto de fortalezas y debilidades (factores internos) del área funcional.

Figura 1. Ejemplo de análisis FODA

Fortalezas	Debilidades
- Promueve la búsqueda continua de la excelencia y la exigencia académica en sus quehaceres fundamentales. - Líder en los procesos de enseñanza y aprendizaje a distancia. - Uso de diversos medios tecnológicos que permiten la interacción, el aprendizaje independiente y una formación humanista, crítica, creativa y de compromiso con la sociedad y el medio ambiente. - Utilización de diversas mediaciones de aprendizaje y aplicación de las tecnologías de información que enriquecen la experiencia educativa.	- Alto porcentaje de la población mayor de edad quienes no han podido obtener su título de secundaria. - Personal docente contratado por el Ministerio de Educación. - Evaluación de los aprendizajes impuesta por el Ministerio de Educación. - Funciones repartidas entre la Institución y el Ministerio de Educación que podrían restar oportunidad en la implementación de mejoras e ideas innovadoras.
Oportunidades	Amenazas
- Necesidad de crear mecanismos novedosos y adecuados que utilicen nuevas estrategias de educación para evitar la deserción estudiantil. - Necesidad de ampliar la cobertura de la educación de adultos. - Dar oportunidad de acceso a la población que tiene limitaciones de acceso a las modalidades existentes. - Implementación de la virtualidad en su oferta formativa.	- Gestión dependiente de las posibilidades de inversión del Ministerio de Educación y de la Institución. - Menor matricula de la población estudiantil. - Se rige por lineamientos técnicos que establezca la Unidad Educativa Juvenil y Adultos del Ministerio de Educación. - Recisión de convenio de cooperación. - Menos recursos otorgados de ley.

Fuente: Elaboración propia, 2016.

2.4. Batería de indicadores

Es una serie o conjunto de indicadores que ayudan analizar y a entender la gestión de las áreas funcionales, permiten controlar el desempeño y determinar las brechas en el cumplimiento de objetivos. Facilita la comparación del avance presentado contra el avance esperado en determinado espacio temporal.

2.5. Control

De poco sirve planear y establecer metas si no se lleva un seguimiento del apego al cumplimiento de estas, se deben analizar y corregir brechas, se debe motivar al cumplimiento y sobre todo se debe insistir en la importancia de la marcha junto a los planes.

Los autores (Hellriegel, Jackson, & Slocum, Jr., 2009) manifiestan:

Este control se refiere al proceso para garantizar que los comportamientos y las decisiones se apeguen a las normas de la organización y a los requisitos legales, incluidas sus reglas, políticas, procedimientos y metas. (p. 322)

2.6. Estrategia

Corresponde al curso de acción o al sendero que planea seguir la empresa para materializar todos sus fines y metas estratégicas que son ni más ni menos que los objetivos importantes o resultados últimos que tienen que ver con la continuidad del negocio, la razón de ser del área funcional y el crecimiento en un largo plazo de unidad, dependencia, entidad, institución u organización.

Thomas S. Bateman y Scott A. Snell (Bateman & Snell, 2009) definen estrategia: "Patrón de acciones y recursos diseñados para alcanzar las metas de la organización." (p. 137)

2.7. Indicador

Toda gestión debe ser medible, solo así será posible aumentar las probabilidades de éxito en las áreas funcionales, y es mediante indicadores que se puede realizar.

El autor Luis Aníbal Mora García (Mora García, 2012) facilita la conceptualización de indicador:

> El término "indicador" en el lenguaje común, se refiere a datos esencialmente cuantitativos, que nos permiten darnos cuenta de cómo se encuentran las cosas en relación con algún aspecto de la realidad que nos interesa conocer. Los indicadores pueden ser: medidas, números, hechos, opiniones o percepciones que señalen condiciones o situaciones específicas. (p. 3)

2.8. Lista de cotejo

Sobre la Lista de Cotejo las autoras (Medina Díaz & Verdejo Carrión, 2001) aportan:

> La lista de cotejo (llamada también lista de control y en el idioma inglés "checklist") provee un medio sencillo y simple para recoger información sobre la presencia o ausencia de un comportamiento o característica particular en una situación dada. Se enfoca en aspectos específicos del comportamiento para ver si están o no están presentes.

> La lista de cotejo se caracteriza por su versatilidad ya que puede utilizarse para recopilar información de la observación de cualquier comportamiento. Es apropiado cuando los comportamientos o las características que se van a observar se conocen de antemano y cuando no hay necesidad de proveer un indicador de la frecuencia o calidad. El interés es sólo indicar la presencia o ausencia de una característica o un comportamiento.

<u>Recomendaciones para la elaboración</u>

1. Identificar cada uno de los componentes o las características a ser observados.
2. Hacer una lista de comportamientos, las características o tareas a ser observadas.
3. Ordenarlos en la secuencia que se espera que ocurran (si el orden es importante).
4. Tener un procedimiento simple para marcar o cotejar lo que se observó. (p.p. 151-156).

Cada una de las técnicas o metodologías descritas contará con una Lista de Cotejo, con lo cual se persigue brindar una herramienta para la organización de los principales elementos pertenecientes a dichas propuestas.

2.9. Planeación

Constituye dejar al azar y a la suerte la menor responsabilidad posible sobre el fracaso en el cumplimiento de los objetivos de las áreas funcionales, generalmente planear en el papel o frente a la computadora es mucho más práctico y barato que hacerlo en la realidad, es por esto que el tiempo que se invierte planeando muchas veces se ve recompensado con el éxito.

(Robbins & Coulter, 2010), presentan la siguiente definición:

La planeación implica definir los objetivos de la organización, establecer estrategias para lograr dichos objetivos y desarrollar planes para integrar y coordinar actividades de trabajo. Tiene que ver tanto con los fines (qué) como con los medios (cómo). (p. 144)

3. Metodologías

Se proponen 3 metodologías o herramientas de efectividad comprobada y comúnmente utilizadas en la gestión de las empresas e instituciones, como son la planeación estratégica, la cadena de resultados y la administración de proyectos. Será el área interesada que deberá escoger cuál de éstas se ajusta más a sus limitaciones y necesidades, también de los recursos disponibles para su ejecución.

Después de la escogencia de la metodología, es muy recomendable asistir a eventos formativos con el objetivo fundamental de conocer los pormenores de la metodología elegida, para que con esto se cuente con los conocimientos mínimos para poder realizar los planes y gestiones necesarias relacionadas con el proceso administrativo (Planear, organizar, dirigir y controlar).

3.1.   Planeación estratégica

Debido a la premisa clásica relacionada con la escases de los recursos, quienes administran esos recursos deben ser siempre observadores del mayor aprovechamiento y mejor uso de estos, y es precisamente con la planeación estratégica que sería posible cumplir con esa gran premisa.

Relacionado con ese concepto el autor (Amaru Maximiano, 2009) manifiesta:

> La idea original de estrategia se aplica a situaciones de competencia, como la guerra, los juegos y los negocios. En la actualidad, las organizaciones compiten y colaboran al mismo tiempo. Además, la idea de estrategia se amplió para abarcar cualquier situación que implique la definición de objetivos y la elección de los medios para alcanzarlos. (p. 183).

3.1.1.   Estrategia empresarial

Para una empresa, la estrategia es el camino a seguir para tratar de asegurar su gestión, desempeño y supervivencia. Deberá abarcar la definición de los objetivos de la organización y los cursos de gestión para alcanzarlos.

Tener muy bien definido como se van hacer las cosas planeando todos los cursos de acción a seguir, incluso las eventuales contingencias, harán que las probabilidades de éxito en la estrategia de las empresas o instituciones sean mayores pudiendo con esto ser más efectivas, más eficientes y mucho más exitosas.

Figura 2. Estrategia empresarial

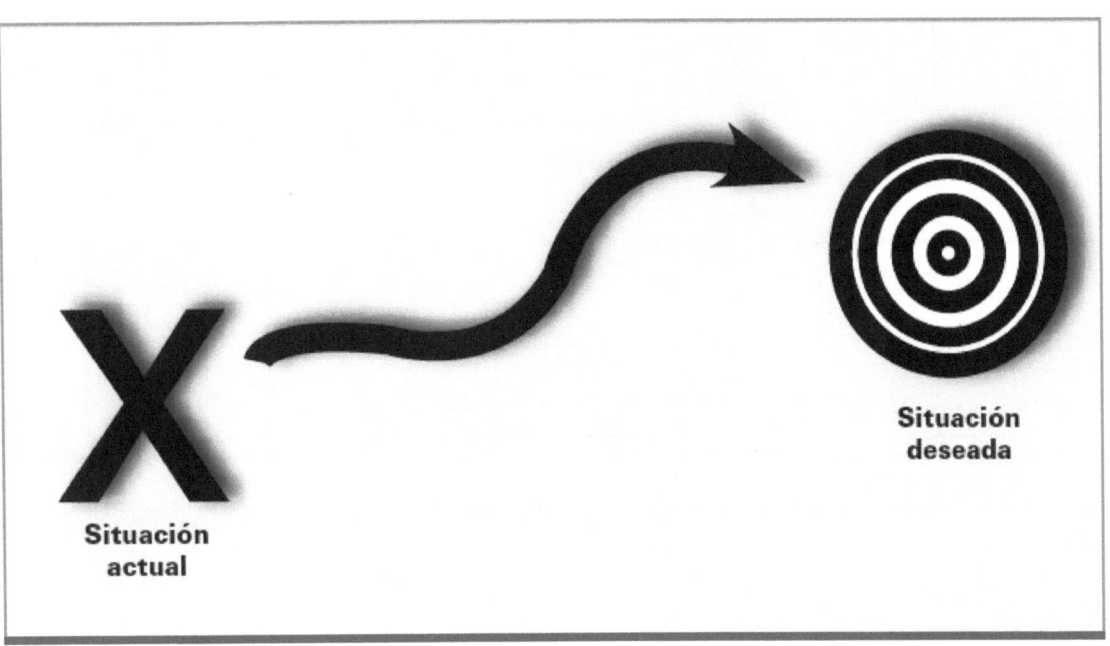

Fuente: Tomado del libro Fundamentos de Administración (Amaru Maximiano, 2009, pág. 183)

3.1.2.   Proceso de planeación estratégica. Visión panorámica

Un proceso sistemático de planeación estratégica es una secuencia de análisis y decisiones que comprende los siguientes componentes principales:

13

- Análisis de la situación estratégica actual de la organización. (¿Dónde estamos?)

- Análisis del ambiente. (¿Cuáles son las Amenazas y Oportunidades del ambiente?)

- Análisis interno. (¿Cuáles son las Fortalezas y Debilidades de los sistemas internos de la organización?)

- Elaboración del plan estratégico de la organización. (¿Hacia dónde debemos ir? ¿Qué debemos hacer para llegar hasta allá?)

Figura 3. Proceso de planeación estratégica

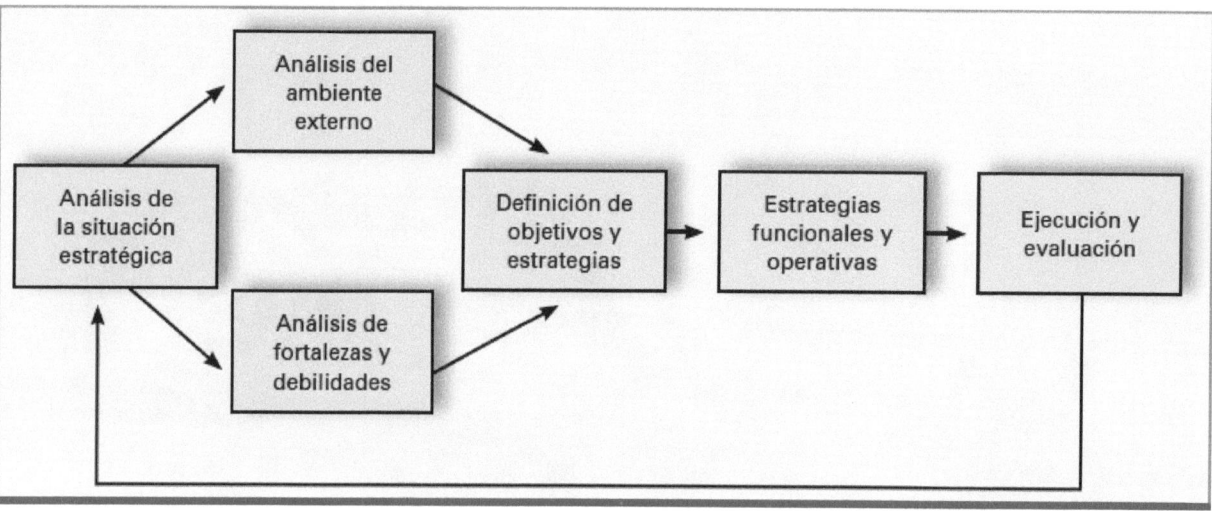

Fuente: Tomado del libro Fundamentos de Administración (Amaru Maximiano, 2009, pág. 184)

Dependiente de cada caso particular, las etapas indicadas anteriormente, se pueden cumplir en cualquier orden. Existen administradores que definen primero las estrategias y luego los objetivos, otros lo hacen de forma inversa. Otros prefieren enfocarse en atender las oportunidades y las amenazas. Este proceso debe ser continuo dado que así se puede seguir la evolución de las variables que afectan a la organización.

3.1.3. Análisis de la situación estratégica

Para (Amaru Maximiano, 2009, pág. 185): "El análisis, diagnóstico o evaluación de la situación estratégica (o posición estratégica) puede ser el punto de partida para elaborar el plan estratégico de una organización."

Los principales componentes a considerar en el análisis de dicha situación son:

- Misión o negocio de la organización.
- Desempeño de la organización (resultados alcanzados, en comparación con los objetivos).

Misión o negocio

El proceso de planeación estratégica comienza con el esclarecimiento de la misión o negocio de la empresa. La misión establece el propósito o razón de ser de la organización o su utilidad para los clientes, y comprende las respuestas a las siguientes preguntas:

- ¿Quiénes son nuestros clientes?
- ¿En qué negocio estamos?
- ¿Qué necesidades estamos atendiendo?
- ¿Cuál es nuestra utilidad para los clientes?

Análisis del desempeño

El análisis del desempeño busca información sobre los resultados que la organización obtiene, en comparación con sus objetivos y el desempeño de la competencia.

Para (Amaru Maximiano, 2009):

> Puede enfocarse en los siguientes puntos principales: participación de los clientes en la facturación, participación de productos y servicios en la facturación, participación en el mercado y análisis de las ventajas competitivas. El análisis del desempeño es uno de los componentes para identificar fortalezas y debilidades de la organización. (p. 186).

3.1.4.   Análisis del ambiente

Las amenazas y oportunidades del ambiente deben ser objeto de constante preocupación de la organización: cuanto más complejo sea el ambiente o más rápido su cambio, más atenta debe estar.

En cuanto a la facilidad de dividir el ambiente en componentes, (Amaru Maximiano, 2009) indica:

> Hay diversas maneras de dividir el ambiente en componentes para facilitar su análisis. Los elementos que deben considerarse siempre son los siguientes: ramo de negocios, cambios en la tecnología, acción del gobierno, situación económica y sociedad, entre los más importantes. (p. 188)

3.1.5.   Análisis interno

La identificación de fortalezas y debilidades dentro de la organización es otra base del proceso de planeación de la estrategia.

En palabras de (Amaru Maximiano, 2009, pág. 189) "Una de las herramientas para identificar fortalezas y debilidades es la evaluación del desempeño. La evaluación del desempeño debe complementarse con el análisis de las áreas funcionales y los proyectos de benchmarking (referenciación o evaluación comparativa)."

3.1.6. Elaboración del plan estratégico

El plan estratégico de una empresa es la combinación de decisiones sobre:

a) la misión o los productos y servicios que ella ofrece a determinados clientes y mercados,

b) los objetivos de desempeño que deben alcanzarse y

c) las ventajas competitivas que pretende tener sobre sus competidores. El plan estratégico es la respuesta a las amenazas y oportunidades del ambiente y de los sistemas internos de la organización.

De una empresa a otra, los planes estratégicos pueden tener distintos grados de formalidad, alcance, periodicidad en su elaboración y muchos otros atributos.

3.1.7. Lista de cotejo

Con lo expuesto anteriormente se ofrece la siguiente matriz con el objetivo primordial de brindar una lista de chequeo que permita la mejor utilización y aprovechamientos de la teoría expuesta.

Tabla 1. Lista de cotejo (Planeación estratégica)

ACCIÓN / EVENTO / PROCESO / PROCEDIMIENTO	SI	NO
1. Se analiza la situación estratégica actual de la organización.		
2. Se analiza el ambiente.		
3. Se realiza el análisis interno.		
4. Se elabora el plan estratégico de la organización.		

Fuente: Elaboración propia, 2016.

3.1.8. Producto a obtener de esta metodología

Diseño de un plan de acción que será un insumo importante para el ordenamiento de gestión, operativo y estratégico de la unidad, dependencia u organización conducente a la obtención de la evaluación de resultados del plan estratégico.

3.2.   Cadena de resultados

Sobre el concepto de cadena de resultados, el (Ministerio de Planificación Nacional y Política Económica, 2012, pág. 20) indica: "Una cadena de resultados da una definición lógica de cómo una secuencia de insumos, actividades y productos relacionados directamente con la intervención, interactúan y establecen las vías por las que se logran los impactos."

La cadena de resultados es una manera sistemática y sintética de presentar un modelo lógico que relaciona los insumos y las actividades planeadas para su transformación en productos; y los resultados e impactos que se espera lograr como consecuencia de la generación de dichos productos.

En ese sentido, contempla variables que dependen de la acción directa de entidades responsables (insumos, actividades y productos), y variables que no están bajo el control de las mismas (resultados e impactos), pero que se espera lograr a partir de la disposición adecuada de las primeras.

La cadena de resultados refuerza la lógica vertical entre las intervenciones y los objetivos de política. Parte de hipótesis causales de problemas priorizados (causas), para pasar a situaciones deseadas (resultados).

Finalmente, permite alinear la gestión entorno a prioridades de política explícitas, por ende facilita la coordinación y acción conjunta entre instituciones públicas, privadas, de cooperación internacional y sociedad civil en torno a un propósito común.

Figura 4. Componentes básicos de una cadena de resultados

Fuente: Elaboración propia, 2016.

¿Para qué sirve la cadena de resultados en el análisis de la gestión del las dependencias u entidades?

- Visibilizar los resultados esperados frente a la garantía del servicio a los usurarios o clientes.
- Indicar dónde se deben concentrar los esfuerzos de la administración y colaboradores.
- Alertar sobre brechas en la gestión institucional.
- Motivar estrategias especiales de acción y coordinación entre áreas, entidades, sectores y niveles.
- Fundamentar la reorientación de recursos.
- Permite alinear la gestión entorno a prioridades de política explícitas, por ende facilita la coordinación y acción conjunta entre instituciones públicas, privadas, de cooperación internacional y sociedad civil en torno a un propósito común.

Para realizar un análisis a partir de la cadena de resultados deben resolverse preguntas como:

- ¿Con cuáles insumos (Recursos físicos, humanos y financieros) se cuenta para poner en marcha determinado programa o acción formativa?
- ¿Cuáles actividades realizó para transformar los insumos en bienes y productos entregados a la población?
- ¿Esa entrega de bienes o productos entregados cómo cambio el bienestar de la población, qué impacto hubo, fueron permanentes esos cambios?

¿En qué criterio se centra el análisis de la información a partir de la cadena de resultados?

En los **Resultados**, puesto que se ponen en el centro de la gestión como cambios en bienestar o comportamiento a corto y mediano plazo, y no los productos como bienes y servicios entregados a los beneficiarios.

El direccionamiento lógico de los insumos, las actividades, los productos y de la coordinación entre áreas, entidades o sectores; deriva en cambios apreciables esperados en el logro de resultados claramente identificados.

Figura 5. Cadena de resultados

	Nivel de resultado	Descripción	Nivel de objetivo asociado
Teoría de Impactos	Impacto	Resultados de largo plazo producidos directa o indirectamente por la intervención y que implican cambios o transformaciones en los estilos y condiciones de vida de la población objetivo y otras vinculadas	*Objetivo de desarrollo o fin*
	------ *Brecha de atribución* ------		
	Efecto Directo	Representa el conjunto de resultados a corto y mediano plazo logrados por los productos de una intervención	*Objetivo General o propósito*
Plan para la puesta a disposición de bienes y servicios	Aprovechamiento del producto	Representa la medida y la manera que la población beneficiaria recibe, usa y aprovecha los bienes y servicios puestos a disposición por el programa	
------ *Límite de control bajo la gestión del proyecto* ------			
Plan Organizacional	Producto	El bien o servicio que se brinda comprometido a la población beneficiaria	*Objetivos específicos*
	Actividades	Acciones emprendidas o labor realizada mediante las cuales se movilizan los insumos para generar productos determinados	
	Insumos	Recursos financieros, humanos y materiales empleados en una intervención	

Fuente: Adaptado de Tabla 8: Cadena de resultados. Manual Gerencial para el diseño y ejecución de evaluaciones estratégicas de Gobierno. (Mideplan, 2012: 21)

Figura 6. Monitoreo y evaluación

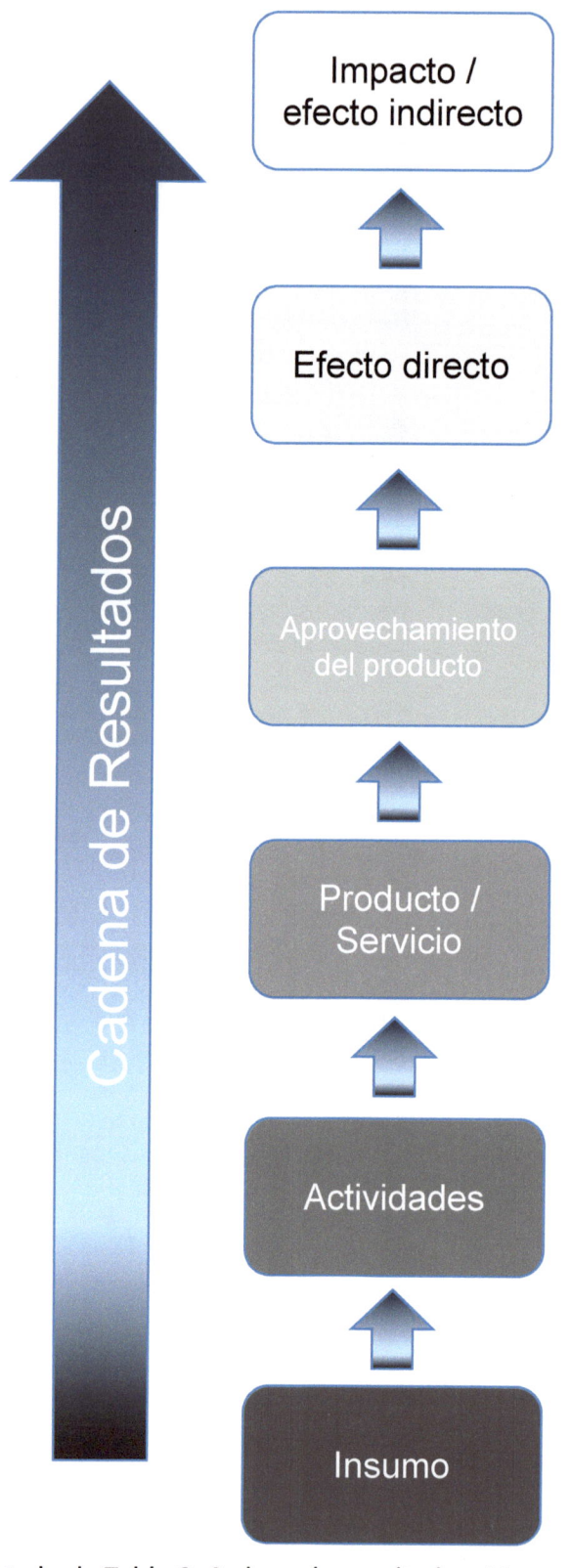

Fuente: Adaptado de Tabla 8: Cadena de resultados. Manual Gerencial para el diseño y ejecución de evaluaciones estratégicas de Gobierno. (Mideplan, 2012: 21)

Figura 7. Monitoreo y evaluación (Descripción)

Etapa	Descripción
Impacto / efecto indirecto	Resultados de largo plazo producidos directa o indirectamente por la intervención y que implican cambios en los estilos y condiciones de vida de la población objetivo y otras vinculadas.
Efecto directo	Representa el conjunto de resultados a corto y mediano plazo logrados por los productos y servicios de una intervención.
Aprovechamiento del producto	Representa la medida y la manera que la población beneficiaria recibe, usa y aprovecha los bienes y servicios puestos a disposición.
Producto / Servicio	El bien o servicio que se brinda comprometido a la población beneficiaria.
Actividades	Acciones emprendidas o labor realizada mediante las cuales se moviliza los insumos para generar productos determinados.
Insumo	Recursos financieros, humanos y materiales empleados en una intervención.

Fuente: Adaptado de Tabla 8: Cadena de resultados. Manual Gerencial para el diseño y ejecución de evaluaciones estratégicas de Gobierno. (Mideplan, 2012: 21)

3.2.1. Lista de cotejo

Con lo expuesto anteriormente se ofrece la siguiente matriz con el objetivo primordial de brindar una lista de chequeo que permita la mejor utilización y aprovechamientos de la teoría expuesta.

Tabla 2. Lista de cotejo (Cadena de resultados)

ACCIÓN / EVENTO / PROCESO / PROCEDIMIENTO	SI	NO
1. Determinar con cuáles insumos (Recursos físicos, humanos y financieros) se cuenta para poner en marcha determinado programa o acción formativa.		
2. Establecer cuáles actividades se deben realizar para transformar los insumos en bienes y productos entregados a la población.		
3. Determinar cuál será el impacto y efecto del cambio al bienestar de la población de los bienes o productos entregados.		

Fuente: Elaboración propia, 2016.

3.2.2. Producto a obtener de esta metodología

Diseño de un plan de acción que será un insumo importante para el ordenamiento de gestión, operativo y estratégico de la unidad, dependencia u organización conducente a la obtención de la evaluación de resultados del plan estratégico.

3.3.   Administración de proyectos

Derivado de la investigación es que la humanidad es capaz de generar nuevo conocimiento, si bien es cierto, no hay verdad absoluta y dicha verdad lo es hasta que venga una nueva que la sustituya.

Precisamente es la administración de proyectos una de esas metodologías puestas al servicio de las organizaciones que permiten dirigir mejor sus esfuerzos con el objetivo de alcanzar sus objetivos.

3.3.1.   Definición de proyecto

El autor (Baca Urbina, 2010) lo conceptualiza de la siguiente forma:

> Un proyecto es la búsqueda de una solución inteligente al planteamiento de un problema, la cual tiende a resolver una necesidad humana.
>
> En este sentido puede haber diferentes ideas, inversiones de monto distinto, tecnología y metodologías con diverso enfoque, pero todas ellas destinadas a satisfacer las necesidades del ser humano en todas sus facetas, como pueden ser: educación, alimentación, salud, ambiente, cultura, etcétera. (p. 2)

Una definición aproximada podría ser: Es un esfuerzo complejo, no rutinario, limitado por el tiempo, presupuesto, recursos y las especificaciones de desempeño que se diseña para cumplir las necesidades de un cliente.

3.3.2.   Características de los proyectos

Entre las características de los proyectos podemos encontrar:

1. Tienen un objetivo establecido.
2. Posee un ciclo de vida definido.
3. Es posible que se involucren varios departamentos.
4. Es común hacer algo que no se ha realizado.
5. Tiene requerimientos específicos de tiempo, costo y desempeño.

3.3.3.   Clasificación de los proyectos

El autor (León, 2007) brinda su clasificación de los proyectos:

Existen diferentes tipos de proyectos, cada uno se dirige a solucionar determinadas barreras al desarrollo, y tiene costos y beneficios específicos asociados, así:

a) de acuerdo a su naturaleza, los proyectos pueden ser:
• Dependientes, son los proyectos que para ser realizados requieren que se haga otra inversión. Por ejemplo, el sistema de enfriamiento de la leche en un depósito depende de que se construya el depósito, mientras que este último necesita del sistema de enfriamiento para funcionar adecuadamente. En este caso, se habla de proyectos complementarios y se seleccionan en conjunto.
• Independientes, son los proyectos que se pueden realizar sin depender ni afectar ni ser afectados por otro proyecto.
• Mutuamente excluyentes, son proyectos operacionales donde aceptar uno impide que no se haga el otro, o lo hace innecesario. Por ejemplo, adoptar el sistema de siembra directa hace innecesaria la inversión en maquinaria tradicional.

b) de acuerdo al área que pertenece, los proyectos pueden catalogarse en cinco tipos básicos:

• Productivos: los que utilizan recursos para producir bienes orientados al consumo intermedio o final (proyectos de producción agrícola, ganadera, forestal, etc.

• De infraestructura económica: los que generan obras que facilitan el desarrollo de futuras actividades (v.g., caminos, diques, canales de riego, electrificación y telefonía, etc.).

• De infraestructura social: los que se dirigen a solucionar limitantes que afectan el rendimiento de la mano de obra, tales como deficiencias en educación, salud, provisión de agua potable y para riego, telefonía, etc.

• De regulación y fortalecimiento de mercados: son los proyectos que apuntan a clarificar y normalizar las reglas de juego de los mercados o a fortalecer el marco jurídico donde se desenvuelven las actividades productivas. Por ejemplo, los proyectos de saneamiento de títulos de propiedad.

• De apoyo de base: aquellos dirigidos a apoyar a los proyectos de las tipologías anteriores. Son proyectos de asistencia, por ejemplo, de capacitación, asistencia técnica, alfabetización, vacunación, etc., y estudios básicos para diagnóstico e identificación de proyectos.

c) de acuerdo al fin buscado, los proyectos pueden ser:

• Proyectos de inversión privada: en este caso el fin del proyecto es lograr una rentabilidad económica financiera, de tal modo que permita recuperar la inversión de capital puesta por la empresa o inversionistas diversos en la ejecución del proyecto.

• Proyectos de inversión pública: en este tipo de proyectos el Estado es el inversionista que coloca sus recursos para la ejecución del mismo. El Estado tiene como fin el bienestar social, de modo que la rentabilidad del proyecto no es sólo económica, sino también el impacto que el proyecto genera en la mejora del bienestar social en el grupo beneficiado o en la zona de ejecución. Además, dichas mejoras son impactos indirectos del proyecto, como por ejemplo generación de empleo, tributos a reinvertir u otros. En este caso, puede ser que un proyecto no sea económicamente rentable per se, pero su impacto puede ser grande, de modo que el retorno total o retorno social permita que el proyecto recupere la inversión puesta por el Estado.

• Proyectos de inversión social: un proyecto social sigue el único fin de generar un impacto en el bienestar social. Generalmente, en estos proyectos no se mide el retorno económico; es más importante medir la sostenibilidad futura del proyecto, es decir, si los beneficiarios pueden seguir generando beneficios a la sociedad, aun cuando acabe el período de ejecución del proyecto.

d) una clasificación de proyectos privados se puede establecer en función al impacto en la empresa:

• Creación de nuevas unidades de negocios o empresas: en este caso un proyecto se refiere a la creación de un nuevo producto o servicio. Estos proyectos típicos tienen flujos de ingresos y costos. Asimismo, tienen una inversión que permite iniciar la producción del nuevo bien o servicio, evaluándose la rentabilidad del producto.

• Cambios en las unidades de negocios existentes: en este tipo de proyectos no se crea ningún producto o servicio; simplemente se hacen cambios en las líneas de producción. Estos cambios pueden darse ya sea cambiando maquinaria antigua por maquinaria nueva o reduciendo equipos por tercerización de la producción. También es posible ampliar la producción con maquinaria adicional: es probable que en muchos casos la inversión a realizar sea mínima o cero (financiando los cambios con las máquinas vendidas por ejemplo). Asimismo, puede ser que en este tipo de proyectos no se tengan flujos de ingresos, sino más bien flujos comparados de costos, en donde los beneficios se centran en los ahorros generados por los cambios. Esto supone tener herramientas de evaluación que se centren en la medición del ahorro generado u optimización del uso de la maquinaria respectiva.

e) en el caso de los proyectos públicos o sociales, se pueden establecer ciertas clasificaciones:

• Proyectos de infraestructura: relacionados a inversión en obras civiles de infraestructura que puede ser de uso económico (beneficiando la producción) o de uso social, mejorando las condiciones de vida.

• Proyectos de fortalecimiento de capacidades sociales o gubernamentales: en este caso se trabajan diversas líneas, como por ejemplo participación ciudadana, mejora de la gestión pública, vigilancia ciudadana u otros. (p.p. 5, 6 y 7).

3.3.4. El éxito en los proyectos

Para que un proyecto tenga éxito, según (Project Management Institute, Inc., 2013) el equipo del proyecto debería:

• Seleccionar los procesos adecuados requeridos para alcanzar los objetivos del proyecto;
• Utilizar un enfoque definido que pueda adaptarse para cumplir con los requisitos;
• Establecer y mantener una comunicación y un compromiso adecuados con los interesados;
• Cumplir con los requisitos a fin de satisfacer las necesidades y expectativas de los interesados; y
• Equilibrar las restricciones contrapuestas relativas al alcance, cronograma, presupuesto, calidad, recursos y riesgo para producir el producto, servicio o resultado especificado.

3.3.5. Documentos del proyecto

Los siguientes documentos deben ser parte del legajo o expediente del proyecto:

Acta de constitución del proyecto

Es un documento emitido por el iniciador del proyecto o patrocinador, que autoriza formalmente la existencia de un proyecto y confiere al director del proyecto la autoridad para asignar los recursos de la organización a las actividades del proyecto. Documenta las necesidades de negocio, los supuestos, las restricciones, el conocimiento de las necesidades y requisitos de alto nivel del cliente y el nuevo producto, servicio o resultado que el proyecto debe proporcionar, como por ejemplo:

- El propósito o la justificación del proyecto.
- Los objetivos medibles del proyecto y los criterios de éxito asociados.
- Los requisitos de alto nivel.
- Los supuestos y las restricciones.
- La descripción de alto nivel del proyecto y sus límites.
- Los riesgos de alto nivel.
- El resumen del cronograma de hitos.
- El resumen del presupuesto.
- La lista de interesados.
- Los requisitos de aprobación del proyecto (es decir, en qué consiste el éxito del proyecto, quién decide si el proyecto tiene éxito y quién firma la aprobación del proyecto).
- El director del proyecto asignado, su responsabilidad y su nivel de autoridad.
- El nombre y el nivel de autoridad del patrocinador o de quienes autorizan el acta de constitución del proyecto. (Project Management Institute, Inc., 2013)

No tiene un formato establecido, pero debe contener al menos los campos que se establecen en éste apartado.

Productos finales

Se deben listar los resultados tangibles o productos finales que debería entregar el proyecto terminado.

A manera de ejemplo se propone la siguiente estructura:

Tabla 3. Productos finales

Primer boceto de productos finales	Descripción	Criterios de éxito	Notas	Recursos

Fuente: Elaboración propia, 2016.

Definición de alcance

Se debe no solamente dejar muy claro que se desea alcanzar con el proyecto, también se debe tratar de especificar que no se va hacer, sobre todo relacionado con aquellos temas que se podrían asumir serán realizados.

Tabla 4. Definición de alcances

EN ALCANCE	FUERA DE ALCANCE

Fuente: Elaboración propia, 2016.

Costos estimados

Se debe presentar una estimación de los costos aproximados o estimados en que se espera se incurra con la realización del proyecto. Es importante que todo proyecto debe un costeo con el cual sea posible demostrar las erogaciones o salidas de efectivo en que sean incurrido o destinado a la ejecución del proyecto.

Tabla 5. Costos estimados

Rubro	Horas	Equipo e instalaciones	Materiales	Otros costos no de tiempo	Costo total	Notas

Fuente: Elaboración propia, 2016.

Matriz de responsabilidades

Aquí se especifican los responsables de las principales tareas, se debe detallar puntualmente quién hace qué y cuándo, además de la línea de mando que debe seguirse.

Tabla 6. Matriz de responsabilidades

Tareas	Recursos asignados	Aprobación	Informar

Fuente: Elaboración propia, 2016.

Lista para el cierre del proyecto

Se debe listar aquellas actividades que dan por cerrado el proyecto y que no pueden quedar activas, como pueden ser enviar notas de cierre, agradecimiento o incluso cancelación de contratos según sea el caso.

A manera de ejemplo se propone la siguiente lista:

Tabla 7. Lista para el cierre del proyecto

Cumplimiento	Actividad
☐	Reunión sobre lecciones aprendidas
☐	Compartir lecciones aprendidas
☐	Agradecer a todos por su trabajo
☐	Dar aviso a los administradores y escribir halagos laborales
☐	Preparar el informe final
☐	Archivar la información del proyecto
☐	Cerrar los contratos
☐	Cerrar las claves de contabilidad

Fuente: Elaboración propia, 2016.

Control de cambios

Aquí es posible actualizar todos los documentos del proyecto, es decir cuando se requiera alguna actualización o ajuste se debe evidenciar con esta matriz.

Tabla 8. Control de cambios

Rubro	Inicio planeado	Finalización planeada	Horas planeadas	Inicio real	Horas trabajadas	Calculo de horas restantes	Finalización

Fuente: Elaboración propia, 2016.

Costos reales

Se debe reflejar las salidas de recursos financieros que haya generado el proyecto.

Tabla 9. Costos reales

Rubro	Horas planeadas	Costo laboral planeado	Otros planeados	Total acumulado	Horas reales	Costo laboral real	Otros costos reales	Total acumulad

Fuente: Elaboración propia, 2016.

Avance del proyecto

Será posible conocer el grado de avance del proyecto, pudiendo redoblar esfuerzo o quitar o asignar recursos según sean las necesidades.

Tabla 10. Avance del proyecto

Tareas	Planeado inicio	Fin	Real inicio	Fin

Fuente: Elaboración propia, 2016.

Plantilla de productos finales

Se deben detallar

Formato para listar los resultados tangibles o productos finales que debería entregar el proyecto terminado.

Tabla 11. Plantilla de productos finales

Productos finales	Descripción	Criterios de éxito	Notas	Recursos

Fuente: Elaboración propia, 2016.

3.3.6.　　Lista de cotejo

Con lo expuesto anteriormente se ofrece la siguiente matriz con el objetivo primordial de brindar una lista de chequeo que permita la mejor utilización y aprovechamientos de la teoría expuesta.

Tabla 12. Lista de cotejo (Administración de proyectos)

ACCIÓN / EVENTO / PROCESO / PROCEDIMIENTO	SI	NO
1. Determinar el tipo de proyecto que se realizará.		
2. Realizar el acta de constitución del proyecto.		
3. Considerar los factores de éxito del proyecto.		
4. Realizar los documentos mínimos del proyecto.		

Fuente: Elaboración propia, 2016.

3.3.7.　　Producto a obtener de esta metodología

Diseño de un plan de acción que será un insumo importante para el ordenamiento de gestión, operativo y estratégico de la unidad, dependencia u organización conducente a la obtención de la evaluación de resultados del plan estratégico.

4. Batería de indicadores

Como parte esencial del proceso administrativo existe la etapa del control, en esta fundamentalmente se analiza y se da seguimiento al avance de las gestiones y como estas se apegan o no a lo esperado.

Para facilitar la comprensión de los indicadores, se proponen algunos que se relacionan con la gestión de una institución educativa pública.

4.1.1.   Validación cuantitativa

Se detallan indicadores relacionados con entregables o productos tangibles.

Tabla 13. Indicadores (Validación cuantitativa)

REFERENCIA	DESCRIPCIÓN	ALGORITMO	VARIABLES	ACEPTACIÓN
1	Rango máximo de matrícula.	(Estudiantes matriculados / Cantidad máxima de estudiantes por matricular) * 100	3	>=100%
2	Adecuación curricular.	(Adecuaciones curriculares aplicadas / Adecuaciones curriculares requeridas) * 100	3	100%
3	Funcionamiento de la Institución.	(Cantidad de informes presentados / Cantidad de informes requeridos) * 100	3	100%
4	Funcionamiento de la Institución.	(Cantidad de reuniones semestrales realizadas / Cantidad de reuniones semestrales solicitadas) * 100	3	100%

5	Atención matricula de la Institución.	(Cantidad de lecciones impartidas / Cantidad de lecciones requeridas) * 100	3	100%
6	Atención matricula de la Institución.	(Cantidad de personal docente designado / Cantidad de personal docente requerido) * 100	3	100%
7	Capacitación docente permanente.	(Cantidad de actividades académicas de capacitación realizadas / Cantidad de actividades académicas de capacitación planeadas) * 100	3	100%
8	Vigencia del convenio.	(Cantidad de convenios prorrogados / Cantidad de convenios pendientes de prorrogar) * 100	3	100%
9	Modificación al convenio.	(Cantidad de modificaciones solicitadas / Cantidad de modificaciones realizadas) * 100	3	100%
10	Incumplimientos al convenio.	(Cantidad de resoluciones tramitadas / Cantidad de resoluciones presentadas) * 100	3	100%

Fuente: Elaboración propia, 2016.

4.1.2. Validación cualitativa

Se detallan indicadores relacionados con características, tareas o productos intangibles.

Tabla 14. Indicadores (Validación cualitativa)

No. CARACT.	CARACTERÍSTICA
C1	Objeto del convenio.
C2	Objetivos específicos.
C3	Instalaciones físicas de la Institución.
C4	Lineamientos.
C5	Estructura administrativa de la Institución.
C6	Personal docente de la Institución.
C7	Coordinación de personal administrativo y docente.
C8	Plan de estudios de la Institución.
C9	Componentes andragógicos.
C10	Evaluación curricular.
C11	Acreditación.
C12	Adecuación curricular.
C13	Gestiones administrativas de la Institución.
C14	Obligaciones del Ministerio de Educación.
C15	Obligaciones de la Institución.
C16	Propiedad intelectual.
C17	Mecanismos de control.
C18	Vigencia y prórrogas.
C19	Validez y eficacia.
C20	Modificaciones.
C21	Resolución y rescisión.
C22	Controversias y resolución de conflictos

Fuente: Elaboración propia, 2016.

A continuación se presenta los 2 primeros indicadores cualitativos desglosados en su respectiva cédula de validación y seguimiento.

Tabla 15. Objeto del convenio

CI	Objeto del convenio.
• Hace explicito el objetivo regulador del funcionamiento de la Institución. • Manifiesta la necesidad apegarse estrictamente al acuerdo 153124-2016 del Consejo Superior de la Educación Pública.	

No.	Aspectos que se consideran	
A1	Misión de la Institución, de acuerdo con su naturaleza y contexto.	
A2	Mecanismos para difundir y discutir la misión por parte de la Institución.	
A3	Concordancia entre el funcionamiento de la Institución y los principios y objetivos del acuerdo 153124-2016.	
A4	Grado de compromiso de la Institución con la calidad de la educación.	
A5	Coherencia entre el objetivo del Convenio y la imagen que proyecta a la sociedad.	

No.	Indicadores	A#
I1	Documentos en los que conste que la formulación de la misión es coherente con la naturaleza del Convenio y su contexto.	A1
I2	Políticas institucionales que evidencien el compromiso de la academia con las necesidades del entorno.	A1
I3	Información verificable sobre actividades realizadas para la difusión y la apropiación del funcionamiento de la Institución por parte de la comunidad académica.	A2
I4	Concordancia entre el funcionamiento de la Institución y los principios y objetivos del acuerdo 153124-2016.	A3
I5	Información verificable, en los documentos del proyecto funcionamiento de la Institución, sobre estrategias y procedimientos a favor de la calidad.	A4
I6	Información verificable sobre mecanismos para asegurar el control, la precisión y la objetividad de la información pública que se proporciona sobre la Institución.	A5
I7	Información verificable en documentos que circulan públicamente y que promocionan a la Institución, sobre la coherencia entre lo que en ellos se publica y lo que la institución efectivamente ofrece.	A5

Fuente: Elaboración propia, 2016.

Tabla 16. Objetivos específicos

C2	Objetivos específicos.	
	• Hace explicito el objetivo de contribuir con la disminución de la población del país que no cuenta con su título de secundaria. • Manifiesta la necesidad de generar una opción para que la población concluya satisfactoriamente sus estudios y que tengan mejores oportunidades de empleo. • Regular el funcionamiento de la Institución.	
No.	**Aspectos que se consideran**	
A6	Coherencia entre el objetivo del Convenio y la imagen que proyecta a la sociedad.	
No.	**Indicadores**	**A#**
I8	Concordancia entre el funcionamiento de la Institución y los principios y objetivos del acuerdo 153124-2016.	A3
I9	Información verificable, en los documentos del proyecto funcionamiento de la Institución, sobre estrategias y procedimientos a favor de la calidad.	A4

Fuente: Elaboración propia, 2016.

5. Conclusiones y recomendaciones

Después de realizar la propuesta de implementación de la metodología relaciona con la administración estratégica, se concluye y recomienda:

1. Las autoridades responsables de la administración de las dependencias, unidades o instituciones deben decidir cuál es la mejor metodología para realizar la estrategia, pudiendo escoger alguna de las propuestas en este documento, o en su defecto proponer alguna supletoria que llegue a cumplir ese mismo objetivo.

2. La decisión de cual metodología deberá ser utilizada debe considerar factores tales como la disponibilidad de los recursos humanos y financieros, además del conocimiento mínimo que vuelva factible su aplicación, desarrollo e implementación.

3. Todo lo detallado en este documento constituye una propuesta, la misma se realiza con el único objetivo de valorar y retribuir la iniciativa además de la necesidad de las autoridades responsables de acercarse a procesos que permitan evaluar su gestión, por eso esta propuesta debe ser muy bien revisada para realizarle aquellos cambios que mejor se ajusten a sus necesidades y particularidades para que con esto y a final de cuentas, se logren alcanzar los objetivos definidos.

4. La supervisión y el control que persiguen las autoridades responsables de la administración solamente puede ser logrado mediante el apoyo de otras áreas funcionales concebidas específicamente para ese objetivo, es por esto que se debe recurrir a áreas de planificación, logística, programación institucional, entre otras, con el objetivo primordial de materializar ese esfuerzo propiamente reflejándolo en un plan estratégico con su respectivo

41

plan anual operativo logrando los estándares de gestión, de planificación y de calidad requeridos en la actualidad.

5. Se debe valorar involucrar otras áreas de las dependencias, unidades o instituciones, que estratégicamente deberían conocer y valorar esta propuesta, con la finalidad de enriquecer la planeación, para hacerlo más útil y cumplidor de los objetivos establecidos.

6. A manera de ejemplo se realizan las 2 primeras cédulas de los indicadores cualitativos, es importante que se elaboren todas y cada una de las que sean necesarias para poder controlar y monitorear de una manera más eficiente.

6. Referencias bibliográficas

Amaru Maximiano, A. C. (2009). *Fundamentos de administración. Teoría general y proceso administrativo.* México, D.F., México: Pearson Educación.

Baca Urbina, G. (2010). *Evaluación de proyectos* (Sexta ed.). México, D.F., México, Costa Rica: McGraw-Hill Educación.

Bateman, T. S., & Snell, S. A. (2009). *Administración: Liderazgo y colaboración en un mundo competitivo.* México D.F., México: McGraw-Hill Educación.

Córdoba Panilla, M. (2011). *Formulación y evaluación proyectos* (Segunda ed.). Bogotá, Colombia: Ecoe Ediciones.

Díaz Jiménez, L. F. (2005). *Análisis y planeamiento con aplicaciones a la organización policial.* San José, Costa Rica: Universidad Estatal a Distancia.

Hellriegel, D., Jackson, S. E., & Slocum, Jr., J. W. (2009). *Administración: Un enfoque basado en competencia* (Onceava ed.). México, D.F., México: Cengage Learning Editores, S.A. de C.V.

Koontz, H., Weihrich, H., & Cannice, M. (2012). *Administración: Una perspectiva global y empresarial* (Catorceava ed.). México D.F., México: McGraw-Hill Educación.

León, C. (2007). *Evaluación de inversiones: Un enfoque privado y social.* Chiclayo, Perú: Universidad Católica.

Medina Díaz, M. d., & Verdejo Carrión, A. L. (2001). *Evaluación del aprendizaje estudiantil* (Tercera ed.). San Juan, Puerto Rico: Isla Negra Editores.

Ministerio de Planificación Nacional y Política Económica. (2012). *Manual gerencial para el diseño y ejecución de evaluaciones estratégicas de gobierno.* San José, Costa Rica: Unidad de Comunicación – MIDEPLAN.

Mora García, L. A. (2012). *Indicadores de la gestión logística* (Segunda ed.). Bogotá, Colombia: Ecoe Ediciones.

Pimienta Prieto, J. H. (2012). *Estrategias de enseñanza-aprendizaje. Docencia universitaria basada en competencias.* México, D.F., México: Pearson Educación.

Project Management Institute, Inc. (2013). *Guía de los fundamentos para la dirección de proyectos (Guía del PMBOK®)* (Quinta ed.). Newtown Square, Pensilvania, Estados Unidos de Norteamérica: PMI Publications.

Robbins, S. P., & Coulter, M. (2010). *Administración* (Décima ed.). México, D.F., México: Pearson Educación.

www.ingramcontent.com/pod-product-compliance
Lightning Source LLC
Chambersburg PA
CBHW050904180526
45159CB00007B/2782